DIVE

oh jong gil

So don't call me baby

나를 사랑스럽게 부르지 마

Unless you mean it

진심이 아니라면 말이야

Don't tell me you need me

내가 필요하다 말하지 마

If you don't believe it

날 믿지 않을 거라면 말이야

So let me know the truth

그러니 진실을 말해줘

Before I dive right into you

네게 푹 빠져들기 전에

Ed Sheeran 〈Dive〉

나는 지금 카페로 향한다. 자동차가 달리는 도로 옆을 천천히 걷는다. 세상은 끊임없이 움직이지만, 동시에 멈춰있다. 빠르게 흘러가는 시간 사이로 고여있는 시절이 있다. 문득 그를 생각한다. 우리가 함께한 시절이 거대한 것처럼 느껴지고 얼떨떨한 기분이 된다. 손을 펴 그간의 시간을 한 뼘으로 재보지만, 손바닥은 한없이 작다. 어쩌면 나는 아주 작은 생명체가 아닐까, 걸어도 걸어도 계속 걸어야 하는 것 같다.

오래된 일이다. 더는 그 사람을 그리워하지 않음에도 이따금 떠오르는 건 어쩔 수 없는 노릇이겠다. 2년이란 세월은 결코 짧지 않을뿐더러 소중하고 애틋한 사람이었으니 말이다. 하지만 그와 함께한 시간에 가슴이 아리지는 않다. 부단히 흘러 지금에 닿았다. 카페에 앉아 글을 쓰다 말고 창밖을 본다. 서울의 풍경이 움직인다. 창을 사이에 두고 바깥에서 빛과 바람이 생동한다. 이런 광경을 하릴없이 보고 있는 나는 무관한 사람처럼 구경하다, 이내 짐을 챙겨 나선다. 무엇이 나를 밖으로 이끌었는지, 목적지가 어딘지는 알 수 없다.

곁에 없는 당신을 생각한다. 당돌한 생각이다.
당신은 늘 있었지만, 언제나 내 곁엔 없었다.

2016년 4월 4일, 나 홀로 국토대장정을 시작했다. 배낭에 짐을 꾸리고 가벼운 운동화를 신었다. 광진구의 원룸 현관에 서서 먼 길을 떠나려던 그날의 방안 풍경은 아직도 생생하다. 창으로 쏟아져 드는 아침 햇살, 다소곳한 공기와 정돈된 물건들. 작은 가방 하나가 십여 일간 내게 주어진 전부였다. 아무것도 알 수 없었다. 스물일곱 살의 나는 무슨 일이 벌어질지 모르는 채로 첫걸음을 내디뎠다. 영동대교를 막 건널 때 시야에 담긴 화사한 장면은 나를 좋은 곳으로 이끌 것처럼 보였다. 반짝이는 수면, 피어나는 꽃과 잎사귀들. 산들바람을 맞으며 탄천을 따라 계속 걸었다.

    판교에서 만난 친구와 점심을 먹고, 오산에 도착했을 땐 이미 어둑해진 때였다. 몰라도 너무 몰랐던 탓에 국토대장정의 첫날부터 발은 망가질 대로 망가졌다. 다음 날 오산에 사는 친구의 부모님은 등산용 양말과 토시, 간식을 두둑이 챙겨주

셨다. 다시 힘을 내 둘째 날은 평택을 지나 천안까지 걸었다. 이번에도 친구 집에서 신세를 지고, 셋째 날엔 세종까지 걸었다. 그곳에선 또 다른 친구가 나를 반겨주었다. 그날 밤 지친 몸으로 앓으며 잠들지 못한 나는 생각해야만 했다. 왜 이렇게 많은 거리를 걸어야 했을까. 대체 무엇 때문에.

다음 날 대전으로 발걸음을 옮기는 내내 생각이 머릿속을 떠다녔다. 무엇이 나로 하여금 걷게 했는지, 쫓기듯 무리해서까지 걷는 이유가 무엇인지. 답은 쉽게 나오지 않았다.

그때 셰프에게서 연락이 왔다. 매일 40여 km씩 걷다 보니 단순해졌다. 발이 아프다, 쉬고 싶다, 와 같은 본능에 충실한 생각과 무엇을 하고 싶으며 무엇을 하고 싶지 않은지가 명료했다. 본능에 이끌리듯 셰프에게 말했다. 셰프님, 저는 홀에서 일해보고 싶습니다. 다섯째 날, 대전을 떠나는 발걸음은 한결 가벼웠다. 짊어진 가방의 무게는 마음의 무게였는지도 모른다.

셰프에게 처음 연락을 받은 건 3월, 봄이 오기 전이었다. 두툼한 외투를 입고 나선 나는 건대입구역에서 7호선을 타고 강남구청역까지 갔다. 멀지 않은 거리였고, 가뿐한 마음이었다.

그는 내게 돈가스를 사 주었다. 특별히 맛있지 않았지만 남기지 않고 먹었다. 단도직입적으로 말할게. 종길아 같이 일하자. 이미 전화로 했던 얘기였다. 그는 새로 오픈할 파인다이닝 레스토랑의 헤드셰프가 될 것이라 말했다. 반면 나는 내달이면 백수가 될 처지였고 그만둔 조리를 다시 하고 싶은 마음도 없지 않았다. 좋다는 뜻으로 고갤 끄덕였다.

당연히 주방에서 일하게 될 거라 생각한 내게 셰프는 말을 이었다. 꼭 주방이 아니어도 돼. 네가 하고 싶은 걸 선택해도 좋아. 그와는 일전에 녹사평역 근방에서 함께 일한 적이 있었다. 당시 홀에서 서빙하던 나를 보아온 셰프는 내가 주방이든 홀이든 상관없이 잘 어울릴 것 같다고 말했다.

천천히 생각해보고 알려줘. 돈가스집 앞에서 그렇게 말하고 그는 발걸음을 돌렸다.

다시 7호선 열차에 올라 곰곰이 생각해봤다. 나는 조리학과를 졸업했다. 대학 시절 내내 요리를 배웠고, 첫 직장은 청담동의 레스토랑 S였다. 다시 주방으로 돌아가는 게 당연한 수순일까. 지난 경험을 반추해보면, 도망치듯 레스토랑 S를 그만두었고 일 년 남짓 다른 일을 했다. 다시 할 수 있을까. 잘 할 수 있을까. 아니, 하고 싶은 걸까. 주방 일을 평생 업으로 삼고 싶은 마음이 크지 않았다. 하지만 무엇을 해야 하는지 알 수 없었다. 안락한 열차가 청담대교를 건너고 있었다.

셰프가 제안한 레스토랑의 오픈일까지 넉넉한 날짜가 남아있었다. 며칠 새 봄이 왔는지 날씨가 좋아 배낭을 꾸렸고, 부산까지 걷기 시작했던 것이다. 어쩌면 지금이 기회인 것 같았다. 망설일 필요가 없었다.

"셰프님, 저는 홀에서 일해보고 싶습니다."

대전을 지나며 셰프에게 의사를 전했고, 수화기 너머 잠깐의 정적이 흐른 뒤 그는 말했다. 알겠어, 예정보다 빨리 오픈을 준비해야 하니 17일에 보자. 시일에 맞춰 돌아가기 위해 일정을 수정했다. 하지만 조급한 마음은 없었다. 이전보다 적게 걸었고 무리하지 않았다. 바람이 서늘하게 불어오는 나무 밑에 앉아 쉬면서 매일의 할당된 거리를 묵묵히 걸었다. 부산까지 계속 걸으면서 나는 준비하고 있었을 것이다. 무엇을? 영화 속 대사를 빌리자면, 1)The usurper. 소설 속 문장을 인용하자면, 2)아마도 난 태어나기 위해 꿈틀대고 있었을 거야. 물론 그땐 미처 몰랐던 사실이다.

광안리에서 사진을 찍으며 국토대장정을 마무리했다. 고향에 들러 하룻밤을 잔 뒤 서울로 돌아오는 길은 한나절도 걸리지 않았다. 10여 일을 걸어간 거리였지만, 한겻이면 충분했다. 기진맥진한 채로 단잠이 들었고, 다음 날 청담동으로 향했다.

오랜만에 4212번 버스를 타고 영동대교를 건넌 뒤 내리니 가로수로 심어진 은행나무가 눈에 띄었다. 작은 잎사귀가 팔랑거리는 길을 지나 어느 빌딩 앞에 섰다. 아직 인테리어 공사가 한창이라 그런지 엉망이었다. 내부도 마찬가지였다. 이런 곳에서 밥을 먹는다는 게 상상되지 않았다. 셰프와 인사를 나누고 그가 소개해준 초면인 사람들, 그러니까 앞으로 함께 일하게 될 서비스 팀원들과 어색하게 둘러앉아 있는데, 누군가 내려오는 소리가 들렸다. 계단에 닿는 구두 소리. 일제히 향하는 시선들.

이어 문이 열리고 환한 빛과 함께 그가 등장했다. 가슴이 두근두근 뛰었다. 어쩌면 그 순간,

앞으로 벌어질 일을 짐작해버린 건지도 모른다. 앞서 언급한 영화 대사처럼 말이다. 1)침입자다. 그를 보자마자 생각했다. *서비스팀에서 일하기로 한 건 잘한 선택이야.* 나의 결정을 추어올리며, 우리의 첫 만남은 시작됐다.

1)⟨Call Me By Your Name⟩
2)『뒤로하고 안아줘』

며칠 뒤, 레스토랑 D는 무사히 문을 열었고 사건의 서막은 올랐다.

기나긴 여정이 시작되었다. 걸음에 걸음을 더하며 잘못 든 길 때문에 지체할 것이고, 무리한 탓에 상처도 입을 것이다. 어쩔 수 없이 기차나 버스의 도움을 받기도 할 것이다. 그럼에도 멈추지 않고 걸을 거란 사실을 안다. 국토대장정에서는 부산을 향해 걸었지만, 이번엔 정해진 목적지 같은 건 없는지도 모른다. 다만 매일의 목표를 향해 걷고 또 걸으며 어딘가에 당도할 것이다. 무언가를 잃고, 어떤 건 버리면서 말이다. 그러다 의외의 것을 얻기도 하면서.

이 길을 왜 걷는지 묻는다면 뭐라 답할 수 있을까. 다만 길이 있어 걸었노라. 당신이 있어 사랑했노라. 돌아오는 길이 고속도로를 달리는 버스처럼 빠르진 않겠지만, 아니, 가기 전으로 되돌아오는 건 불가능하겠지만, 나는 그 길을 걸어보기로 했다. 당신이라는 길을.

친구야. 나는 종종 과거로 돌아가는 상상을 해봐. 그날, 그 순간으로 돌아가 다시 선택할 수 있다면 내 삶은 어떻게 바뀌었을까. 레스토랑 D를 선택한 것과 주방을 벗어나 홀에서 일하는 서비스 팀원이 되기로 했던 것, 그 사람을 만나 사랑하게 된 일. 그로 인해 내 삶은 아주 많은 부분에서 바뀌었잖아. 부질없는 소린지도 모르지. 이미 돌이킬 수 없을 때가 되어서야 이런 말을, 공상을 해봐.

구태여 네게 말하는 건, 오랜 시간 혼자 삭힌 듯하여 이제는 그만하기 위함이야. 그래서 말인데, 지금이라도 내 얘길 들어주겠니.

시작은 우연히 온다.

모든 이야기의 처음이 그렇듯
이 이야기 역시 그랬다.

아무런 기척 없이,
예상치 못한 곳에서,
우연하게.

청담동의 수많은 레스토랑 중 그곳에서 근무하게 된 건 우연처럼 다가왔다. 수많은 우연이 겹친 결과였다. 하지만 우리는 그런 것을 알지 못한 채 살아간다. 레스토랑 D를 거쳐 그와 함께 레스토랑 P, 레스토랑 Y에서도 일하게 되리란 사실 역시 눈치채지 못하고 있었다. 물 흐르듯이 시작되고 길을 내어 계속 나아간다. 자연스러워 보인다. 강물은 굽이굽이 흐르고, 침식과 퇴적을 반복하는 동안 지형은 조금씩 바뀐다. 아무도 모르게, 하지만 명백하게. 종국엔 아주 크게. 내 마음 또한 그랬다.

서비스팀에서 일해본 경험이 없는 내겐 모든 것이 낯설었다. 용어도, 업무도 어색했다. 나는 내가 할 수 있는 일을 하기로 했고, 그것들을 누구보다 열심히 했다. 남들보다 일찍 출근해 근무복으로 갈아입고, 청소기를 돌리는 일로 시작했다. 카펫 구석, 의자 등받이 아래 틈새까지 놓치지 않았다. 어느덧 팀원들이 하나둘씩 출근하는 시각이 되고, 우리는 함께 테이블을 닦은 뒤 세팅을 했다. 쇼 플레이트 위로 곱게 접은 냅킨, 커트러리가 차례로 놓였다. 백 사이드의 기물을 정돈하고, 고블릿과 와인잔을 닦았다. 전날의 이슈와 전달 사항은 없는지, 무언가 빠진 건 없는지 더블 체크했다.

　이곳의 일이 익숙해져 자연스러워질 때까지 모든 것을 낯설게 바라보았다. 이유는 단 하나, 일을 잘하고 싶었다. 솔직해지자면, 무지한 막내를 벗어나기 위해 애쓴 건 그의 눈에 들고 싶었기 때문이다. 나는 그에게 잘 보이고 싶었다. 내가 할 수 있는 한 최선을 다하는 방식으로 노력했다.

경력이 전무한 서비스 팀의 막내는 모르는 것 투성이였다. 그러니 배워야 했다. 작은 수첩을 앞치마 주머니에 넣어 다니면서 기록하기 시작했다. 말투와 표현법은 물론, 화장실의 휴지 접는 법이나 테이블 위 부스러기는 어떻게 처리하는지, 팀원과 어떻게 소통하며 최상의 서비스를 제공하는지. 모르는 건 묻고 또 물었다. 아는 것도 한 번 더 물었다. 귀찮아질 정도로 질문했고, 팀원들의 말이라면 무엇이든 적었다. 그리고 틈만 나면 수첩을 꺼내 읽고 또 읽었다. 내 몸과 정신에 익어 생각하지 않아도 배어날 때까지 멈추지 않았다.

이런 노력의 끝엔 그를 훔쳐보는 일이 있었다. 그건 그가 아주 빼어난 서비스맨이었기 때문이다. 그는 상황에 걸맞은 말소리와 우아한 동작, 풍부한 지식과 탁월한 감각까지 겸비하고 있었다. 나는 태어나서 한 번도 그렇게 멋진 모습으로 일하는 사람을 본 적이 없었다. 사회 초년생의 눈에 그를 둘러싼 매 순간, 모든 장면은 황홀했다. 너무나도 멋있고 아름다워서 넋을 놓고 보기 일쑤였는데, 이런 사람은 나 하나가 아니었다. 모두가 그를 흠모하는 눈빛으로 바라보고 있었다. 흠잡을 데가 없다는 말은 그를 설명할 적확한 표현이었다.

하여 나는 그가 어떻게 걷고 서 있는지, 손동작과 억양은 어떤지를 면밀히 살폈다. 그를 따라 말하고, 비슷하게 행동했다. 마치 좋아하는 작가의 문장을 필사하며 문체를 배우는 것처럼, 그를 모사했다.

선망이나 동경, 워너비나 모델링. 여러 단어가 맴돌았고, 나는 이것을 존경심이라 생각했다. 다수의 눈에 훌륭한 모습을 한 사람. 나를 비롯한 서비스 팀원, 통유리 너머 주방 직원, 심지어 레스토랑을 찾는 손님들까지 모두가 입을 모아 극찬하는 사람. 그와 같은 사람이 되고 싶었다.

친구야, 스물일곱 살의 나는 갓 태어난 것과 다름없었어. 너도 그렇게 생각하지 않니. 그맘때의 우리는 갓난아기처럼 많이 울었고 또 많이 웃었지. 맑게 반짝이던 얼굴을 어찌 잊겠어. 너 또한 그런 모습의 우리를 기억하고 있니.

방황하던 나는 가야 할 길을 찾은 것처럼 거침없이 걷기 시작했잖아. 힘차게 걸으면서 온갖 아름다움을 눈에 담았지. 코끝을 스치는 봄 내음과 행복한 웃음소리를 지나면서 말이야. 서툰 탓에 곧잘 넘어졌지만 금방 일어나 다시 걸었잖아. 너는 무모했어,라고 말할지도 몰라. 그 말도 틀린 건 아니지. 하지만 돌부리 따위는 내가 나아가는 길에 걸림돌이 되지 못했어.

청춘이란 단어를 알지. 새싹이 파랗게 돋아나는, 만물이 푸른 봄철이란 뜻이야. 청춘에 부합할 정도라 말하기엔 부족했는지도 몰라. 그럼에도 불구하고 레스토랑 D에서 일을 시작한 나에게는 작은 청춘의 시기가 도래했어. 나의 스물일곱은 반짝반짝 빛나기 시작했어.

일과 함께 공부를 시작했다. 이건 아주 자연스럽게 행해졌는데, 누가 시키지 않아도 열성적으로 임했다. 조리학과를 졸업한 이력은 장점이 될 수 있었다. 물론 직접 칼질을 하거나 화구 앞에 설 일은 없었지만, 조리에 대한 지식은 서비스 팀원으로선 특별한 재능이었다. 한동안 그만둔 영어 공부도 병행했다. 레스토랑엔 꽤 많은 외국인 손님이 찾아왔고 그들에게 원활한 서비스를 하기 위해서는 외국어 능력도 필수였다. 운이 좋게도 디저트를 담당하는 파티시에는 미국인이 었는데 동갑이라 금방 친해질 수 있었고, 우리는 서로에게 각자의 모국어 선생님이 되기로 했다.

지식만 쌓는다고 훌륭한 서비스맨이 될 수 있는 건 아니었다. 내가 하는 일은 말 그대로 음식을 서빙하는 것이었다. 하여, 자연스러운 동작을 익혀야 했다. 나는 일하는 나의 모습을 동영상으로 촬영하는 방법을 택했다. 선배, 동료의 지적을 빠르고 정확하게 고치기 위해서는 내 문제가 무엇인지 확인해야 했다. 영상을 보며 어색한 몸짓을 하나둘씩 고쳐나갔다. 시뮬레이션은 좋은 방법이었다.

브레이크 타임이면 소믈리에와 테이스팅하며 와인에 대해 공부했다. 오프너로 코르크를 따고, 적당량을 따르는 일, 디캔팅과 스월링 따위를 익혔다. 휴무엔 관련 서적을 읽으며 테루아와 품종에 관한 자료를 조사했다. 더 많은 것을 알고 싶었다. 배움의 즐거움을 몸소 느끼는 나날이었다.

이토록 부단히 노력한 이유는, 뛰어난 사람이 되면 그와 가까워질 수 있을 거라 생각했기 때문이다. 나는 그 사람이 유영하는 세계에 다가가고 싶었다. 허둥대지 않고 파도에 몸을 맡긴 듯 편안하게 일렁이는 그의 옆에 눕고 싶었다.

바쁘게 흘러간 날이었고, 출근길마다 은행나무를 올려다보았다. 역동적으로 흔들리는 작은 은행잎이 나를 닮았다고 생각했다. 나부끼는 여린 잎은 나비의 날갯짓처럼 쉼 없이 이어지고 있었다.

낯설기만 하던 것들이 차차 익숙해지며 처음의 서투름은 지워져 갔다. 나태함을 경계해야 했다. 처음 그랬던 것처럼 매일 근무복을 세탁하고 구김 없이 유지하는 일, 바지를 다림질하고, 구두를 닦고, 앞치마를 조여 매는 행위. 기본에 충실하자 다짐했다. 나는 조금씩 레스토랑 D에 어울리는 사람이 되어가고 있었다. 그와 가까워지는 길이기도 했다.

그즈음 서비스 팀원 중 가장 높은 직책인 캡틴이 그만두었다. 레스토랑 운영진은 나를 그 자리에 앉히자는 제안을 했지만, 한 사람이 반대했다. 바로 그 사람이었다. 그는 내게 캡틴의 직책을 맡기기엔 부족하다는 판단을 내렸다.

조금의 서운함도 없었다면 거짓일 테지만, 나는 그의 말을 전적으로 믿었다. 그는 섣부른 사람이 아니었다. 그가 그렇다 말하면 내겐 그런 것이었다. 후에야 알게 된 사실이지만 당시에 그는 나를 온전히 신뢰하지 못했다고 한다. 일을 시작한 지 얼마 되지 않아 부족한 점이 많은 건 사실이었다. 그럼에도 그는 나를 몰아세우지 않았다. 질타하는 법이 없었고, 부하 직원을 애정으로 대할 줄 아는 사람이었다. 나는 그의 눈빛에 확신했다. 지금보다 더 성장할 수 있다 믿는 눈빛은, 나를 기다려주겠다 말하고 있었다.

초여름 저녁에 찍힌 사진이 있다. 사진 속 그는 나를 안고 있다. 무슨 연유로 그가 나를 안아 주었는지, 그 품에서 어떤 기분이었으며, 누가 찍었는지는 기억나지 않는다. 나를 안고 있는 그의 옆얼굴이 내가 좋아하는 표정을 짓고 있었다는 사실만 기억한다. 조용하게 건네는 힘찬 응원과 위로가 틀림없었다. 이런 식으로 전하는 마음을 좋아했다. 요란하지 않은 그의 방식을 사랑하고 있었다.

그대 모습은 보라빛처럼
살며시 다가왔지.
길을 걷다 마주치는 많은 사람들 중에
그대 나에게 사랑을 건네준 사람.
언제나 우리 웃을 수 있는
아름다운 얘기들을 만들어가요.

강수지 〈보라빛 향기〉

고요한 레스토랑의 아침, 노래를 틀어두고 청소기를 돌린다. 청소기 소음에 묻혀 노랫소리는 거의 들리지 않는다. 바닥 청소를 마치고 버튼을 눌러 끄자, 멜로디가 레스토랑에 울려 퍼진다. 막 출근하는 누군가가 내게 말한다. 종길아 전화 와. 이 시간에 전화를 걸어오는 이는 한 사람뿐이었다. 스피커에 연결된 핸드폰을 보니 아니나 다를까 그의 이름이 찍혀있다. 그가 출근길에 전화를 거는 일은 매일 반복했고, 나는 언제나 그 시간을 기다렸다.

그의 전화를 놓치지 않기 위해서는 부지런히 움직여야 했다. 다행히 청소기를 돌린 후다. 수화기를 귀에 대자 그의 목소리가 들린다. 종길. 그는 나를 꼭 이렇게 불렀다. 이어 우리는 같은 대화를 반복한다. 오늘따라 차가 막히네. 일찍 나왔는데도 늦을 것 같아. 천천히 오세요. 몇 분 뒤면

만날 텐데 그는 왜 내게 전화하는 걸까. 나는 어째서 그 전화를 기다렸던 것일까. 수화기 너머로 들리는 그의 음성. 나만이 들을 수 있는 언어. 금방 갈게 좋길. 그가 전화를 끊고, 나는 다시 핸드폰을 연결해 신나는 노래를 재생한다. 레스토랑의 하루가 밝아오고 있었다.

고유의 고저와 강약으로 나를 부르는, 당신만이 부를 수 있는 이름.

그가 나를 불러주었기에 내 이름은 특별해졌다. 그의 목소리로 듣는 이름이 좋았다. 계속 불러주면, 불러도 불러도 나를 부르고 싶다고 생각하면 좋겠다. 돌아보는 나를 반겨주고, 그 역시 가던 걸음을 멈춰 뒤돌아 나를 찾으면 좋겠다. 우리가 멀어지는 내내 눈을 맞추고 걸으면 좋겠다. 나도 모르게 이런 생각에 사로잡혀 있었다.

레스토랑의 서비스는 2인이 한 조가 되어 이뤄졌다. 매일 사수와 부사수를 정했는데, 나는 그와 한 팀이 되는 날만을 고대했다. 둘만의 대화가 가능했기 때문이다. 언어를 통한 대화는 물론 눈빛과 몸짓으로도 소통해야 했다. 물론 그것은 전적으로 업무적인 대화에 불과했지만, 그마저도 내겐 소중했다. 우리가 함께 팀으로 일할 때면 별말을 하지 않아도 모두 알아들을 수 있는 것 같았다. 마치 그가 내게 들어와 속삭이는 것처럼 말이다. 나는 그의 말을 분명히 들었고 또 느꼈다.

시간은 빠르게 흘렀고, 봄은 짧았다. 그와 나는 서로에게 스미듯이 가까운 사이가 되어가고 있었다. 무더위와 장마가 반복하는 여름이 이어졌다.

더운 날엔 브레이크 타임에 짬을 내어 인근 카페에서 빙수를 먹거나 배스킨라빈스에서 아이스크림을 사 먹곤 했다. 가만히 앉아 빈 숟가락만 핥아도 단맛이 가득했다. 그와 함께 있으면 아무 말이나 해도 즐거웠다. 우리는 계속 웃었다. 마치 갈비뼈를 간지럽히는 것 같았다. 나는 실없이 한 번 더 웃었다. 그와 나누는 한담이 더없이 좋았다.

지금 이 순간이 영원했으면 좋겠다는 생각만 했다.

어느 저녁이었다. 밖에 비 와, 이렇게 말하며 쥐어 준 우산 손잡이엔 그의 이름이 적혀있었다. 우산도 그를 닮아 싱그러움을 머금고 있었다. 그가 쥐었을 손잡이를 움켜쥐자 남은 온기가 도는 것 같았다. 4212번 버스에 올라 영동대교 남단을 지났다. 퇴근 시간이라 버스는 만원이었고, 정체가 심했다. 한강을 건너는 느릿한 버스 안에서, 그의 시간을 상상해 보았다. 내가 없는 곳에서 그는 어떤 시간을 보낼지 궁금했다. 이런 생각에 닿자, 이른 퇴근이 달갑지 않았다.

정류소에 내리고 보니 비를 맞고 걸어도 괜찮을 것 같았다. 우산을 품에 안고 집까지 걸었다. 우산은 필요가 없어졌지만, 쓸모없는 물건은 아니었다. 젖은 머리카락을 타고 빗물이 흘렀다. 비를 맞는 사람들의 사연 중 하나를 이해할 수 있을 것 같은 밤이었다.

그의 이름이 적힌 우산은 여름이 끝날 때까지 현관에 놓여있었다. 비가 내릴 때마다 우산을 집었다 놓기를 반복했다. 여름 내내 그를 생각할 수밖에 없었다. 그러다 그 우산은 자취를 감추었다. 다시 그에게로 돌아갔는지, 어디선가 잃어버린 건지는 알 수 없었다.

그는 파란색을 담고 있는 사람이었다. 오묘한 빛깔의 파란 눈동자를 기억한다. 눈을 감고 그리자면, 한여름 바다 위로 쨍하게 내리쬐는 햇빛과 파도, 새파란 티셔츠가 한 폭에 담겼다. 부서지는 물거품처럼 부드럽고, 먼바다처럼 깊은 눈동자였다.

또한 그는 우아한 사람이었다. 행동 하나하나가 그랬다. 구두는 늘 새것 같았고, 정장은 갓 세탁한 듯했다. 셔츠 소매나 깃도 깨끗했다. 머리카락 한 올, 눈썹 한 가닥의 흐트러짐도 없었다. 사사로운 것 모두 완벽해 보였다.

어느 노랫말처럼 나는 그의 눈코입을 정말 좋아했다.

송파의 노포로 향하던 여름밤. 당신의 오랜 단골집을 내게 소개해주고 싶다던 목소리를 기억합니다. 마치 나를 허락한 듯한 어조로, 약간 떨리는 음성으로 말했죠. 쫑길, 같이 가자. 허름한 감자탕집으로 들어서니 노모가 당신을 반겼습니다. 술잔을 기울이는 틈틈이 당신의 과거를 들려주던 그녀의 졸린 목소리를 들으며, 맑은 얼굴을 한 당신을 보며, 함께한 적 없는 시절을 그려보았습니다. 당신을 상상해보았습니다. 내가 없는 시간 속의 모습을 말입니다. 지금보다 어린 당신, 보다 활기차고 젊었을 당신.

선명하게 그려지진 않았지만, 어쩐지 그때의 당신을 보고 온 것 같은 기분이 들었습니다. 당신과 조금 가까워진 느낌 마저 들었습니다. 나를 보고 있는 당신은 오랜 과거를 회상하는 것 같아 보였습니다. 조용히 빈 잔을 채우고 술을 들이켰습니다. 당신의 여로를 방해하고 싶지 않아 밖으로 나왔습니다.

가로등 아래에서 담뱃불을 붙이는 나를 당신이 불렀습니다. 화장실 앞 전봇대에 기대는 당신에게로 다가갔습니다. 우리는 함께 담배를 피웠습니다. 편한 표정을 한 당신 곁에서 묵묵히 바라보았습니다. 감히 욕심내지 못할 아득한 시간이 흘러가는 옆에 서서 말입니다. *나를 끌어안아요.* 당신 손길에 이끌려 온기를 나눠 덮고서 나 또한 당신의 일부가 되고 싶었습니다. 한 개비 담배의 시간은 너무 짧았죠. 저는 조금 취했던 것 같습니다. *나를 와락 안아줘요.* 밤공기가 차가웠습니다. 여름이 끝난 듯 쓸쓸한 바람이 불어오는 것 같았습니다.

대리기사를 불러 당신을 보내고 택시를 잡았습니다. 잠실대교를 건너는 길은 외로웠습니다. 우리가 함께한 시간, 아직 짧은 걸까요. 당신과 나를 하나로 묶기에 우리란 존재는 너무 작은가요.

우리는 자주 퇴근길을 함께했다. 집으로 가기 아쉬운 밤이면 그는 내게 소주를 마시자 했고, 나는 항상 그의 제안을 받아들였다. 기다리고 있었지만, 내색하지 않으며 응했다. 청담동과 압구정동, 늦은 밤까지 불을 밝히던 가게들이 우리를 맞이했다. 찰랑이게 따른 마음을 부딪치고 가득 찬 애정을 단숨에 비우기를 반복하던 애꿎은 날들이 쌓였다. 서로의 가족사를, 요즘의 고민이나 웃긴 얘기를 나눴다. 그 시간 모두, 우리가 사랑을 나누는 과정이라 여겼다. 어딘가 은밀하고 멜랑콜리한 시간이었다.

손목엔 벚꽃잎이 내려앉고, 목덜미로 라일락 향기가 스치고, 손가락 사이로 장미가 피어났다. 귓불의 블루베리, 코끝의 레몬. 온통 그에게로 닿아 피어났다.

그날 밤도 둘만의 밀회가 있었다. 그는 초밥이 먹고 싶다던 내게 참치 먹으러 가자, 말했다. 우리는 아차산역 근처의 식당에 도착해 늘 그러하듯 담배를 피우고 안으로 들어섰다. 그가 예약해둔 자리에 앉아 서로의 잔에 소주를 따라주었고 천천히 밤을 맞이했다. 그는 자꾸만 내 앞접시에 음식들을 올려두었다. 이거 먹어봐, 이게 맛있어, 이거랑도 같이 먹어봐. 음식을 권하는 그의 젓가락을 보며 나는 묻고 싶었다. *저 좋아해요?* 아니면 말해버리고 싶었다. *저는 좋아해요.* 하지만, 부드럽고 온화한 분위기를 깨고 싶지 않아 그가 따라주는 소주를 마시고 그가 건네는 참치를 먹기만 했다. 평소처럼 웃었고 대화했으며 취해서 집으로 돌아갔다. 그날의 나는 무슨 기분으로 잠자리에 들었을까.

So close with you on my lips.

내 입술 가까이 네가 있어.

Touch noses, feeling your breath.

코가 부딪히고, 네 숨결을 느껴.

Shawn Mendes 〈Fallin' All In You〉

약속 없는 무료한 휴무였다. 에어컨 바람의 시원함을 느끼며 핸드폰을 뒤적이다 하겐다즈 녹차 맛 아이스크림 사진을 발견했다. 그날을 또렷이 기억한다. 며칠 전 브레이크 타임이었다. 그는 봉지 가득 아이스크림을 사 와 직원들에게 나눠 먹으라고 했다. 그러곤 나를 따로 불렀다. 그는 내게 하겐다즈를 주었다. 입술에 검지를 갖다 대고 쉿, 하는 입 모양을 하면서. 우리는 사무실에 앉아 아무 말 없이 아이스크림을 먹었다. 온몸이 시원해지는 느낌이 들자 궁금했다. *내게만 특별한 아이스크림을 주는 이유가 뭐죠? 대체 왜 나한테 잘해줘요?*

친구야, 그맘때 나는 블로그에 일기 쓰는 버릇을 들이고 있었어. 주로 한 주의 일상과 휴무의 기록들이었지. 지금은 비공개된 블로그를 오랜만에 들어가 봤어. 스크롤을 내리면서 몇 년 전의 게시물을 훑다 그와 내가 나란히 찍힌 사진을 발견했어. 회식 자리였고 우리는 두 뺨을 맞대고 있었어. 스크린을 확대해 보니 가까이 붙은 우리 둘의 표정이 조금 닮은 것 같아. 나는 그와 비슷해지고 있었던 게 아닐까. 내가 바라던 바잖아.

나는 머리를 짧게 잘랐고, 검은 양말을 열 켤레 샀지. 액세서리도 모조리 뺐어. 그의 기대에 부응하려 노력했어. 조금 더, 조금만 더 노력하면 지금보다 나은 사람이 될 수 있을 거라 믿었어.

블로그엔 날 것의 문장이 많았어. 이제는 이해할 수 없는 말들도 있고, 사무치는 내용도 있었어. 너도 알잖아. 이런 삶의 행방은 깊숙이 내려앉아 묘연해지잖아.

팀 회식 후 취한 그를 먼저 보낸 밤이었다. 자동차 사이로 섞여 들어 시야에서 사라질 때까지 그 자리에 서서 바라보았다. 나는 그것이 배웅하는 사람의 마음임을 알고 있다. 비틀대며, 왔던 길을 도로 걸었다. 술집 앞에 세워둔 자전거를 타고 영동대교를 건너려 했지만, 나는 너무 취해 있었다. 자전거를 끌며 발자국마다 그를 생각했다. 잘 들어갔는지 걱정이 되어 핸드폰을 꺼냈다. 하지만 연락할 수 없었다. 그에게서도 연락은 오지 않았다. 우리는 그런 사이였다. 오늘 밤 집에는 잘 들어갔는지, 이미 씻고 나왔는지, 곧장 잠자리에 들 건지. 아침엔 가장 먼저 연락해 꿈은 평온했는지. 궁금하지만 더 이상의 안부를 물을 수 없는. 우리는 연인이 아니었고 그 정도에 그치는 사이였다.

영동대교 위에 서서 일렁이는 강물을 바라보았다. 까맣고 멀고, 반짝이는 물결. 어쩌면 가깝고 투명한 마음. 그에게로 기우는 마음이 옳지 않다고, 이러면 안 되는 것이라고 생각했다. 혹은 착각이라 나를 질책했다. 등 뒤로 바람이 불어와 툭툭 두드렸지만, 다시 걷기 시작했다. 뒤돌아보지 않으면 그를 떠올리는 마음을 두고 멀어질 수 있을 것처럼 앞만 보고 걸었다.

어느 흐린 밤에 깨달았다. 그를 좋아하고 있단 사실을 말이다. 그동안 모르고 있었다. 어떻게 몰랐던 건지 생각하면 내가 우습다. 이런 깨달음은 문득, 불현듯 찾아오는 법이다.

모른 척 해왔음이 옳다. 내 마음을 부정하고, 못 본 체했다. 그러다 보면 괜찮아질 거라 생각했다. 도리어 내 마음은 깊어져 갔지만, 어리석게도 그랬다. 어떤 마음인지 몰라 두려웠고, 행여 정말로 좋아하는 걸까 봐 지레 겁을 먹었다.

그럴수록 확고해졌다. 혼란한 틈을 타 깊은 곳에선 굳어가고 있었다. 긴 장마의 끝 무렵이었고 땅은 이전보다 단단해졌다. 재채기처럼 사랑도 감출 수 없게 마련이다.

Oh lover, I'm lost

사랑하는 그대여, 난 길을 잃었어요.

Because the road I've chosen beckens me away

내가 택한 길이 나를 떠밀어요.

Oh lover, don't you roam

사랑하는 그대여, 헤매지 말아요.

Now I'm fighting words I never thought I'd say

말할 수 있을 거라 생각지 못한 말들을 떠올리고 있어요.

Rachael Yamagata 〈Duet〉

소담한 마음이 놓여있다. 그가 좋아하는 반찬만 골라 담은 접시가 테이블 위에 있다. *당신만을 위해 준비했어요.* 정성으로 마련한 마음이 식어가는데도 그는 나타나지 않는다. 차려둔 밥상이 무색해진다. 모두가 식사를 마치고 떠날 때까지 그는 돌아오지 않았다.

그가 없는 식사 시간, 어두운 표정의 그를 보는 일은 나를 괴롭게 했다. 나는 어느새 그가 안온하기를 바라고 있었다. 내 마음은 그렇게 변하고 있었다. 혹은 선명해지고 있었다.

8월 말, 그의 생일을 맞아 선물을 사기 위해 몰에 들렀다. 마땅히 무엇을 사야 할지 감을 잡지 못하고 시간을 흘려보냈다. 쇼핑백을 들고 다니는 사람들 사이에서 길을 잃은 아이처럼 벤치에 앉아있었다. 나는 그의 취향을 모른다. 내가 아는 그는 너무 적다. 오늘도 그와 한 발짝 멀어지는 기분이다. 힘겹게 다가갔다 생각해도 한순간 저만치 멀어지고 만다.

고심해 고른 스웨터를 계산했다. 선물하려고요. 쑥스러워하는 내 표정을 살피던 직원이 정성스레 포장해서 건넨 상자. 반듯하게 묶인 리본을 보자 조금 들뜬 기분이었다.

생일에 맞춰 선물을 주었을 때의 표정은 아리송했다. 리본을 풀고 상자를 연 그가 말했다. 요즘 누가 이런 걸 입냐. 멋쩍어서 하는 말이라 생각해 내심 기대했다. 스웨터를 입을 계절이 오면 어느 휴일에 사진을 한 장 찍어보내줄 것이라 생각했다. 하지만 그는 선물한 스웨터를 입지 않았다. 슬쩍 떠보았을 때 단호했던 말처럼, 정말 바닥을 닦는 용도로 썼는지도 모른다. 스웨터를 생각할 때마다 이상한 느낌이었다. 슬픔이었을까, 분노였을까. 혹은 비참한 기분이었을까. 버려진 스웨터의 모양으로 웅크려 잠들던 내가 그곳에 있었을 것이다.

생맥주를 마시며 애꿎은 얼굴만 붉히던 여름밤은 꿈처럼 지났다. 매일 새로워서였는지 그런 것처럼 느껴졌다. 기뻐서, 혹은 슬퍼서 감정이 너울지던 날들이었다. 그즈음 출근길에 내리던 버스정류장의 은행나무 잎이 바래기 시작했다.

9월에 본격적으로 글을 쓰기 시작한 이유는 그였을 것이다. 보슬비가 내리는 날이었다. 집 앞 카페에서 첫 책에 실릴 원고를 쓰기 시작했다. 하고 싶은 말이 많았다. 그 시절에 써둔 문장은 온통 그에게 전하지 못한 마음으로 가득했다. 용기가 없던 나는 노트와 파일에만 묵혀둘 따름이었다.

영원할 것 같은 시간에 취해 지냈다. 취해있던 것이 확실하다. 맨정신이었다면 살지 못했을 것이다. 가을바람이 불어오기 시작할 때 그의 이야기를 건너 들었다. 레스토랑 D를 떠난다는 얘기였다. 그의 태도가 미묘하게 달라졌던 건 이 때문일까. 헛소문일 거라 마음을 다잡으려 해도 좀처럼 괜찮아지지 않았다.

소문은 사실이었다. 중요한 건, 그의 음성으로 내게 직접 전해지지 않았단 거였다. 직원들의 사담을 기둥 뒤에 서서 듣자니 그가 미워졌다. 그의 입에선 아무 말도 나오지 않았다.

미운 그여도 좋으니 함께 있고 싶었다. 투정 부린 내가 미워졌다. 미운 건 분명 그였는데, 도리어 내가 미웠다. 함께 일하고 퇴근할 날이 얼마 남지 않았는데, 이 소중한 시간을 허비하고 있는 내가 싫었다. 그 밤 그에게 퇴근 후 술을 마시자고 말했다. 그는 사뭇 비장한 얼굴로 알겠다고 했다. 그는 내게 레스토랑 D를 떠나게 되었다는 소식을 전했다. 어찌 된 영문인지 물었다. 담담한 목소리가 오갔다. 술을 따르고 잔을 부딪쳤다. 무슨 말을 할 수 있었을까. 가지 말라 말하고 싶었지만, 그곳에서도 잘 지내라 말했다. 내겐 그럴 자격이 없었다.

10월엔 화양동을 떠나 마장동으로 이사를 했다. 그는 내게 필요한 게 없냐 수차례 물었다. 나는 아무것도 필요한 게 없다고 말했다. 거짓이었다. 이사 갈 집엔 필요한 물건이 많았다. 무엇보다 내겐 그의 마음이, 애정이, 나만을 향하는 오롯한 사랑이 필요했다. 하지만 이런 사실을 말할 순 없었다. 내가 할 수 있는 대답은 없어요, 가 전부였다.

어긋나기만 하는 날이 많았다. 맘처럼 잘 풀리지 않아 속이 상했다. 그렇게 10월의 마지막 날은 그의 마지막 근무였다. 프런트에 있는 그에게 미리 사둔 선물과 편지를 건넸다. 며칠 전 연남동 소품 숍에서 빈티지 볼펜을 발견했고, 사인하는 일이 잦은 그에게 주기로 했다. 정장 안주머니에 내가 선물한 펜을 갖고 다니면, 일상적으로 사인을 하다 나를 떠올리면 좋을 것 같았다. 나는 그에게 어울릴 법한 볼펜 한 자루를 고르고, 그것과 비슷한 볼펜을 하나 더 샀다. 나도 그것을 잘 간직하고 이따금 그를 생각할 수 있지 않을까 하는 마음이었다. 그는 선물을 받자마자 서랍에 넣곤 퉁명한 목소리로 일하자, 말했다.

그가 떠나고 남겨진 시간은 이전과 다르지 않았다. 바뀐 것이 있다면, 분당선을 타고 출근하는 길이 점차 익숙해졌고, 깊어가는 가을과 겨울을 맞이했단 정도였다.

Wish I could
할 수 있었다면
I could have said goodbye
작별 인사를 할 수 있었다면
I would have said what I wanted to
하고 싶은 말을 했을 텐데
Maybe even cried for you
그댈 위해 울었을지도 몰라
If I knew it would be the last time
이게 마지막인 줄 알았다면
I would have broke my heart in two
내 마음은 찢어졌을 거야
Tryin' to save a part of you
그댈 붙잡고 싶은 마음에

Lady Gaga 〈I'll Never Love Again〉

가을비가 내린 다음 날이었다. 도로 가득 쏟아진 은행잎은 노랗고 진하게 물들어 꼭 나 같았다. 그날은 퇴근 후 레스토랑 회식이 있었다. 마침 회식 장소 근처에 그가 일하는 곳이 있어 잠깐 들렀다. 환히 웃는 얼굴로 나를 반기는 그를 보자 당장에 품으로 뛰어들고 싶었다. 보고 싶었어요. 오랜만에 본 그는 이전보다 더 멋진 사람 같았다. 인사도 못 하고 나온 내게 그는 카톡을 보내왔다. 왜 그냥 갔어. 바빠 보여서요. 조금만 기다리지. 사실 난 그의 공간에 아무렇지 않게 머물 만큼 당당하지 못했다. 눈동자를 똑바로 볼 수 없었다. 잘못도 없이 죄를 지은 기분이었다. 답이 없자 전화가 걸려 왔다. 마장동 집으로 초대할게요. 알겠어, 꼭 갈게 쫑길. 끊어진 전화 뒤로 긴 여운이 흘렀다. 좋다고 해야 할지, 찜찜하다 할지 알 수 없었다.

약속대로 퇴근한 그가 우리 집으로 찾아왔다. 이미 새벽이었고, 핼쑥한 얼굴을 보자 눈물이 왈칵 솟았다. 그의 건강이 염려되었다. 먹을거리를 내어주기 위해 싱크대 앞에 서서 눈물과 함께 속마음을 삼켰다. 뜨거워진 눈가가 가라앉질 않아 담배를 챙겨 밖으로 나섰다. 그가 따라 나왔다. 쫑길, 잘 지냈어? 얼마나 듣고 싶던 목소리였나. 다정한 목소리를 들었지만, 괜히 퉁명스러운 대꾸만 하고 연기를 내뿜었다. 궁금한 것들이 부유하는 사이 담배를 다 피웠다. 그는 얼마 머무르지 않고 떠났다. 짧은 시간이었지만, 뛰는 가슴에 잠들지 못한 밤이었다.

동료들과 술을 한잔하고 들어가는 길이었다. 출근길이 바뀌고 자주 보지 못한 은행나무를 오랜만에 만났다. 가지가 휑하게 비어 찬바람을 맞고 있었다. 나 역시 무미건조한 날을 꾸역꾸역 보내고 있었다. 1월이었고, 퇴사를 결심했다.

보고 싶다. 뭘? 겨울 바다. 친구에게 말하자 무얼 망설이냐고 했다. 레스토랑 D를 그만두고 우린 곧장 강원도로 출발했다. 친구에겐 아무렇지 않게 할 수 있는 말을 왜 그에겐 할 수 없을까. 강릉의 해변들을 따라 정동진을 지나 동해, 삼척까지 내려가 해안을 걸었다. 그는 분명 여름 바다를 닮은 사람이었는데, 겨울 바다를 보고 있자니 온통 그가 생각났다. 그가 보고 싶었다.

우리가 다시 만난 건 2월 14일 밸런타인데이였다. 나는 그가 옮겨간 레스토랑 P에 취업했고, 우리는 이번에도 직장 동료로 만났다. 새로운 직장, 첫 출근, 낯선 사람들 속 미숙한 업무로 정신없는 하루를 보내고 퇴근이 임박했을 때 그가 다가왔다. 그는 내 어깨를 두어 번 두드리다 가버렸고 내 맘은 휑해졌다. 몇 분 뒤 돌아온 그가 조그맣게 말했다. 이따 마치고 술 한잔하자. 그 한마디에 들떠 고개를 끄덕이는 내게 그는 덧붙였다. 둘이서만 가자.

선배들의 회식 제안을 거절하고 골목에서 그와 조우했다. 오랜만에 함께하는 퇴근길이었다. 그는 운전을 하고 나는 조수석에 앉아 창문을 보았다. 차창에 그의 얼굴이 엷게 비쳐 보였다. 고갤 돌리는 그와 눈이 마주쳤다. 수줍은 나는 창 너머 바깥을 내다봤다. 성수대교를 건너는 동안 가로등이 한강 아래까지 비추고 있었다. 반짝이는 강물을 보며 그가 있는 곳, 레스토랑 P로 오길 잘했다 생각했다. 자연스레 우리 동네로 들어선 그가 식당에 차를 세웠다. 우리가 함께 끼니를 때우기 위해 종종 찾던 곳이었다. 주차장에 내리자 상쾌한 밤바람이 불었다. 쫑길, 추워. 얼른 들어가자. 그와 단둘이 마주 앉아 고단한 하루를 마무리했다. 지금 이 순간이 너무 좋아서 눈물이 날 것만 같았다.

그대 내게로 와요 새벽 눈처럼 다가와 따스한 사랑을 가르쳐 주세요 그대 내게로 와요 밤 안개처럼 다가와 사랑의 기쁨을 가르쳐 주세요 항상 그대를 향해 열린 나의 텅 빈 가슴을 그대 사랑으로 채워 주세요 그대 내게로 와요 봄비처럼 다가와 외로운 마음을 어루만져 주세요 항상 그대를 향해 열린 나의 텅 빈 가슴을 그대 사랑으로 채워 주세요 그대 내게로 와요 봄비처럼 다가와 외로운 마음을 어루만져 주세요

사람과 나무 〈그대 내게로 와요〉

레스토랑 P에서는 호흡을 맞추기가 수월했다. 이미 함께 일한 경험이 있는 우리는 서로에게 필요한 찰나를 잘 알고 있었고, 금세 손발을 맞추었다. 익숙한 순간들이 많았다. 사소한 일상을 되찾은 기분이었다. 출근길의 플레이리스트, 그에게서 걸려 오는 전화, 반복되는 대화가 이전처럼 돌아왔다. 그립던 향수 내음, 던힐, 온화한 미소와 보드라운 손길도 그대로였다. 퇴근길엔 소주를 걸치며 소중한 봄밤을 만끽했다. 나의 스물여덟은 스물일곱보다 더욱 밝게 빛났다.

모든 것이 제자리를 찾은 듯했지만, 이전과 같지 않았다. 나는 레스토랑 P의 이방인이었다. 내가 모르는 사람들과 친하게 지내는 그를 보니 질투심이 일었다. 나만 모르는 일에 대해 웃고 떠드는 모습이 싫었다. 이곳은 내게 낯설었지만, 그에게는 아니었다. 나만 동떨어진 섬에 남겨진 기분이었다. 다른 사람에겐 미소나 친절을 베풀지 않고 오직 내게만 그러길 바랐다.

나는 그 사람의 낮과 밤을 모른다.

아직도 그와 나 사이의 거리는 아득하다. 밤하늘의 점이 된 것 같다. 너무 멀어서 감히 닿을 수 없는 거리가 우리 사이에 놓여있다. 그가 올려다보는 별이 되고 싶었다. 그를 비추는 태양이 되고 싶었다. 그를 속속들이 알고 싶었다.

친구야. 레스토랑 P에 다니던 나는 외로움을 견디는 시기를 보낸 것 같아. 고독함에 머물면서도 외로움을 이기진 못했어. 강아지가 되고 싶다는 생각에 사로잡혔어. 그 사람은 강아지를 아주 사랑해줄 것 같았거든. 그의 집에서 그를 기다리다, 퇴근한 그와 함께 밤 산책을 나서는 거야. 그는 내게 낮에 있었던 일을 들려줄 테고, 사랑스럽게 쓰다듬어 줄 거야. 나는 그 품에 안겨 마구 날뛰어도 될 테고. 그와 함께 잠을 청하고 아침이 밝으면 그의 얼굴을 핥아 깨울 거야. 부은 얼굴과 피로한 얼굴 모두 볼 수 있겠지. 무방비한 모습까지 바라볼 수 있겠지.

불현듯 그와의 사이가 틀어질 것 같은 예감에 사로잡히는 밤이면 큰 소리로 노래를 들었다. 밤하늘의 별을 올려다보거나 희부윰한 불빛을 바라보면서. 말 한마디에, 미묘한 표정 변화에 남은 내 하루는 뒤집히곤 했다. 사랑을 하는 사람의 입장이란 그런 것이다. 그로 인하여, 그로 하여금 살아가고 있었다. 그는 알고 있었을까, 전혀 눈치채지 못했을까. 괜찮다. 이제는 괜찮다. 그를 미워하는 마음은 없다.

뛰어갈 텐데 날아갈 텐데
그대 내 맘에 들어오면은
아이처럼 뛰어가지 않아도
나비 따라 떠나가지 않아도
그렇게 오래오래 그대 곁에 남아서
강물처럼 그대 곁에 흐르리

조덕배 〈그대 내 맘에 들어오면은〉

레스토랑 P에서의 새로운 업무를 익히는 나날을 보냈다. 이곳에 맞는 모습을 갖추기 위해 노력하고 공부했다. 바쁜 시간을 보내는 결결이 우리는 함께했다. 같은 공간을 공유했지만, 각자의 업무로 바빴기 때문에 잠깐의 마주침은 소중했다. 돌차간 그는 나를 보고 웃었고, 그것이 행복이었다.

술에 취하면 그가 보고 싶었다. 이러려고 마신 술이 아닌데 보고 싶은 마음이 자꾸만 깊어진다. 이 밤이 지나 내일도, 모레도 꼭 오늘처럼 보고 싶을 것이다. 더 커질 것 같다. 내 마음을 고백해도 될까. 이내 좌절하고 만다. 안 되는 일이다. 그럴 순 없다. 내가 할 수 있는 일이라곤 술을 더 마셔 모든 것으로부터 멀어지는 수밖에 없다.

취한 채로 살 수밖에 없었다. 일주일에 7일을, 한 달 내내 술을 마셨다. 사실 이런 건 세어보지 않았다. 단지 술을 마시지 않는 날이, 취하지 않은 상태로 있었던 기억이 없다. 휴무 날 아침 눈을 뜨면 맥주를 마시기 시작해 잠들 때까지 취해있었다.

맨정신의 나를 견딜 수 없었다. 선명하게 드러날까 무서웠고, 밤낮이 두려워졌다. 적막한 어둠 속에선 나를 마주할 수밖에 없었고, 날이 밝으면 이런 모습의 나를 직시해야만 했다. 적나라한 자신을 스스로 받아들이기에 나는 너무 유약했다.

집 근처 청계천으로 나가 걸었다. 하릴없이 앉아 물살을 거슬러 오르는 물고기를 보았다. 이어폰에선 〈민물장어의 꿈〉이 흘러나왔다. 농구장에 모여있는 사람들을 구경하거나 산책 나온 사람들을 멍하니 보았다. 그러다가 참을 수 없을 것 같은 기분에 사로잡히면 상류를 향해 쉬지 않고 달렸다. 심장이 터질 것 같았고 땀이 비 오듯 흘렀다. 아무것도 해소되지 않았다. 집에 도착하면 거실 바닥에 드러누워 한참을 또 가만하고 있었다.

몇 달이 몇 분처럼 흘렀다. 그날은 평범했는데, 마감으로 바쁜 나를 그가 불렀다. 할 말이 있는 눈치였다. 그를 따라가고 싶지 않았다. 달가운 소식이 아닐 거란 직감은 늘 옳지 않던가.

　아니나 다를까, 그는 레스토랑 P를 떠나게 되었다고 말했다. *나를 두고 가나요.* 고개만 주억거리며 알겠다는 말만 했다. 혼자 남아 압구정 로데오 거리를 걸으니 어린 날의 기억이 떠올랐다. 인파 속의 소년은 두려운 나머지 엄마의 치맛자락을 움켜쥐고 있다. 왼손의 아이스크림은 이미 녹아버렸고, 오른손 주먹은 텅 비어있다. 그만 펑펑 울어버린다. 그 밤 압구정 로데오에 남겨진 나는 꼭 그런 기분이었다. 사람들 사이, 나 혼자 버려진 것 같았다. 여러 번 버려짐을 당한 기분이었다. *나를 또 이렇게 남겨둔 채 가실 건가요.* 주저앉아 울고 싶었는데 그러기에 내 모습은 너무 커버렸다.

이번엔 그의 목소리로 전해 들었지만 기쁘지 않았다. 나는 또 남겨질 것이다. 그가 없는 레스토랑에서, 떠난 그를 그리워하며 삶의 의미를 잃고 방황할 것이다. 이번에도 그럴 것이다. 그는 말했다. 레스토랑 Y로 가게 됐어. 나는 그가 새로 터전을 마련할 곳이 궁금했다. 내 눈으로 직접 보고 싶었다.

며칠 뒤 휴무에 레스토랑 Y를 방문했다. 아담하고 단정한 곳이었다. 이 공간을 누비게 될 그의 모습을 상상하며 음식을 먹었지만, 스스로 느끼는 기분을 파악할 수 없었다. 모든 게 엉망인 것 같았다.

처음보다 더 아무렇지 않게 남겨졌다. 정체 모를 감정들에 휩싸인 채 지냈다. 레스토랑 D에서 그랬듯 그가 없는 공간은 생명을 잃은 것과 같았다. 같은 시간을 두 번 살아내는 기분이었다. 나는 머지않아 레스토랑 P를 그만두었다. 이번엔 그가 있는 곳으로 가고 싶지 않았다. 모든 걸 끊어버릴 각오를 했는지도 모른다. 그가 없는 곳, 레스토랑 W에서 일을 시작했다. 그는 계속 내게 연락을 해왔다. 보고 싶은 마음과 보고 싶지 않은 마음이 공존했다.

이게 내 사랑인걸요
그대 두 손을 놓쳐서
난 길을 잃었죠
허나 멈출 수가 없어요
이게 내 사랑인걸요
내 사랑이 사랑이
아니라고는 말하지 말아요
그대 없이 나 홀로 하려 한다고
나의 이런 사랑이
사랑이 아니라고
나를 설득하려 말아요

이소라 〈사랑이 아니라 말하지 말아요〉

그러는 사이 첫 독립출판물 『나는 보통의 삶을 사는 조금 특별한 사람이길 바랐다』를 제작했다. 그에 대한 마음과 혼란 속의 나, 휘몰아치는 젊음의 문장들을 담았다. 막연함과 두려움, 오해와 부정 같은 것들이 가득했다. 이렇게라도 해소하지 않으면 당장에 터질 것만 같았다. 누구라도 들어줬으면, 아무 듣는 이가 없더라도 어딘가에 말해야만 했다.

청담동에서 그를 만나기로 했다. 얼마만의 만남인지, 반가운 나머지 너무 일찍 도착해버렸다. 낯선 골목을 서성이다 발끝만 구르는데, 멀리서 걸어오는 그가 보였다. 그 모습을 발견하자 떨리는 가슴을 감출 길이 없었다. 미소 띤 내 얼굴을 본 그가 웃었다. 그도 기분이 좋아 보여 다행이라 생각했다.

그가 웃으면 나는 따라 웃는다. 우리는 앞서거니 뒤서거니 웃으며 카페로 들어섰지만, 나눌 특별한 얘기는 없었다. 우리의 대화란 원래도 그랬겠지만, 정적을 마주하고 있자니 어느새 어색한 사이가 된 것 같았다.

그는 이 자리를 얼른 벗어나고 싶은 걸까. 자꾸만 핸드폰을 들여다보는 의중을 알 수 없었다. 테이블에 올려둔 그의 핸드폰 화면이 밝아져 무심결에 보니 4시 29분이었다. 기다렸다는 듯이 그만 일어나자, 재촉하는 그에게 아직 커피를 반도 마시지 못했다는 핑계를 대보지만 잡아둘 순 없었다. 몇 걸음 걷다 뒤를 돌아 멀어지는 모습을 눈에 담았다. 결코 돌아보는 법이 없는 익숙한 뒷모습이었다.

그와 헤어지고 조금 전의 시간을 곱씹어보았다. 그는 내게 다시 한번 같이 일하자는 제안을 했다. 선뜻 답할 수 없었다. 나는 이미 모든 걸 소모해버린 건지도 모른다. 그럼에도 그를 보고 있으면 좋았다. 그가 하는 말 모두 긍정하고 싶어졌다. 애써 다잡았던 다짐이 한순간에 물거품이 되었다. 나는 여전히 그를 좋아하고 있었다.

I'm stuck with you,
stuck with you, stuck with you
네게 빠졌어, 푹 빠졌어, 푹 빠졌어.

Ariana Grande, Justin Bieber
〈Stuck With U〉

겨울을 지나 해가 바뀌고 2018년이었다. 내 마지막 이십 대, 그곳엔 이번에도 그가 있었다. 나는 결국 레스토랑 W를 그만두고, 레스토랑 Y로 옮겼다. 되찾은 일상을 반복했다. 엇비슷한 날임에도 새로웠다. 지루할 법도 했지만, 그런 시간이 쌓여 이루는 생활의 쓸모를 알고 있었다. 즐거운 날이 계속됐다.

레스토랑 Y는 일주일에 한 번씩 인테리어로 쓰인 꽃을 바꿨다. 월요일 아침이면 꽃을 갈아주기 위해 업체에서 나왔고, 나는 늘 직원에게 꽃의 이름을 물었다. 어느 날은 무심한 직원이 잘 모르겠다 답했지만, 어떤 때엔 꽃의 이름을 하나하나 알려주는 직원도 있었다. 생소한 이름의 꽃들을 기억해두었다가 그에게 전화가 걸려 오면, 혹은 그가 출근하면 알려주곤 했다. 낯선 단어를 발음할 때의 느낌과 순간에 집중해서 듣고 있는 그를 보는 게 좋았기 때문이다. 햇살이 비치는 레스토랑 Y의 입구엔 향긋한 꽃 내음이 가득했고, 그곳을 지날 때마다 한 마리 새가 된 기분이 들었다. 꽃송이에 앉아 쉬어도 좋을 봄날이었고, 불어오는 미풍에 내 마음은 다시 흔들리기 시작했다.

레스토랑 Y엔 바 테이블이 있었고, 브레이크 타임엔 그곳에 앉아 글을 썼다. 끝자리에 앉아 들숨과 날숨을 천천히 반복하며 호흡을 가다듬었다. 차분한 분위기 속 지쳐 잠든 직원들의 숨소리가 들려왔다. 조도를 어둡게 맞춘 레스토랑에서 잠을 자지 않는 사람은 그와 나 둘뿐이었다. 그는 서류 업무를 했고, 나는 그 모습을 이따금 훔쳐보며 글을 썼다. 그에게 보여줄 수 없는 마음을 그의 옆에서 써 내려갔다.

몹시
부) 더할 수 없이 심하게.

부사는 그 뜻을 분명하게 하는 품사를 뜻한다. 그 사람을 그릴 때면 몹시,라는 부사가 자연히 붙는다. 몹시 사랑하고, 몹시 보고 싶은, 몹시 걱정하고, 몹시 좋아한.

우리가 떠났던 여행을 자주 추억했다. 눈 부신 햇살을 받으며 운전하는 그의 옆자리는 내 차지였다. Drive thru로 커피를 주문했고, 근교의 계곡에서 물장구를 치다 평상에 누워 까무룩 잠들었다. 흠뻑 젖을 때까지 놀았고, 하나뿐인 수건으로 번갈아 몸을 닦았다. 젖은 옷을 짜는 일도 즐거웠다. 돌아오는 차 안의 열선시트도 기억한다. 그 따뜻함은 나를 오래도록 평온하게 했다. 꼭 함께해보고 싶은 것들이었다.

밤늦게 퇴근해 곧장 떠난 여행도 있었다. 바비큐를 준비하고, 술을 마시고, 노래를 불렀다. 나는 그가 부르는 노래를 좋아했다. 샤워를 마치고 곯아떨어진 그의 몸에 차렵이불을 덮어주면 입술을 오물오물 움직였다. 아침엔 강가에 차를 세워두고 물가를 걸었다. 바지를 걷어 올리고 얕은 물에 발을 담갔다. 그에게 스미고 싶었다. 그라는 바다에 발을 담근 채 온전한 온도를 느끼고 싶었다. 그러다 보면 내 체온이 그와 비슷해질 것이라 믿었다.

당일로 떠났다가 돌아와 집으로 가긴 아쉬워 한강을 찾은 적도 있었다. 캠핑 의자에 앉아 눈을 감고 강바람을 맞으며 노을을 보았고, 텐트를 치고 짧은 잠이 들기도 했다. 그 곁에서 내 순정은 늘 변함없었다.

변하지 않을 거라 자신했건만, 나는 기쁘지가 않았다. 자꾸만 비워지는 느낌을 떨칠 수 없었다.

어떤 일도 벌어지지 않았다. 출근길, 오픈 준비, 점심 영업까지 무난하게 지났고, 브레이크 타임엔 평소처럼 정리하고, 책을 읽고, 잠깐 쉬었다. 하지만 거짓말처럼 너무나도 선명하게 느꼈다. 비참했다. 나 자신이 초라했다.

그러곤 얼마 가지 못해 터지고 말았다. 남은 힘이 없었던 건지도 모른다. 말 그대로 여력이 없었다.

시작이 그랬듯 그 끝 역시 알 수 없었다. 6월이었고, 테라스 청소를 하는 날이었다. 이어지는 기억은 듬성듬성하다. 주차장 골목에 구부정히 앉아 연신 담배를 피웠다. 몇 개비를 피워도 해소되지 않았다. *무엇이, 어디서부터 어떻게 잘못된 걸까.* 걷잡을 수 없을 만큼 일을 그르친 것 같았다. 레스토랑으로 돌아갔다. 짤랑, 하는 풍경 소리가 났지만 아무도 나를 쳐다보지 않았다. 그럼에도 모든 시선이 내게로 향하고 있음을 느낄 수 있었다. 내가 느낀 처량함을 확인받는 기분이었다. *맞구나, 그랬구나.* 락커로 들어가 짐을 쌌다. 매일같이 출근하던 곳인데 가방 하나가 전부였다. 먼 곳으로 떠날 때처럼 내게 주어진 것은 가방 하나가 다였다.

이렇게 참담할 수 있을까. 짐을 챙겨나온 길은 그와 다시 만난 그곳이었다. 이번에는 뒤를 돌아보지 않았다. 그는 언제나처럼 내 모습을 보고 있지 않았을 것이다. 가던 길을 계속 걸었다. 압구정로데오역에서 분당선을 타고 왕십리역에 내렸다. 다시 만난 그날처럼 4시 29분이었다. 출퇴근 시간이 아닌 길은 매일 다니던 곳임에도 낯설었다. 봄꽃 향이 가득한 길을 걸어 집에 도착했다.

우리의 4시 29분과 4시 29분 사이, 그 시간을 돌아본다. 그와 함께한 마지막 장소, 레스토랑 Y의 흰 테이블보와 생소한 라벨의 와인병, 김이 나던 식전 빵과 이름 모를 꽃 들.

마지막엔 처음을 떠올리게 된다. 레스토랑 D에서 만난 첫날부터 이어져 온 그간의 시간이 차례로 지나간다. 음색, 명도, 채도, 색상, 어감 따위의 미묘한 차이들. 내가 좋아한 그의 뉘앙스. 그의 실루엣. 기억 속에 남았다가 영원한 망각으로 사라질 추억들.

가방에 욱여넣은 짐을 정리했다. 낡은 칫솔, 얼마 남지 않은 치약과 새것에 가까운 리스테린, 여분의 양말. 업무 노트와 단상을 기록한 문장 노트, 새것과 헌 것이 한 데 섞여 있는 펜 뭉치. 그가 레스토랑 D를 떠날 때 선물한 볼펜과 같은 디자인의 볼펜 한 자루. 고작 이것들이 전부였다. 간소하다 해야 할지, 빈약하다 해야 할지. 지난 시간이 보잘것없게 느껴졌다. 오랜 시간이라 생각했는데 며칠 사이 벌어진 일 같았다.

거실에서 울었다. 이런 시각에 홀로 앉아있는 바닥을, 내게로 쏟아져 드는 볕을 견딜 수 없었다. 가슴이 답답하고 터질 것 같았다. 죽을 것만 같아서, 살기 위해 움직여 버스에 올랐다. 3시간 가까이 창에 기대 울었다. 소리를 삼켜도 새어 나왔다. 옆 사람이 내 눈치를 봤지만 우리는 서로 모른 체 했다. 그것을 다행이라 여긴다. 만일 그가 휴지 같은 걸 내게 주었다면 참지 못했을 것이다. 부여잡고 내내 울었을 것이다.

엄마, 엄마가 기억하는지 모르겠어. 갑자기 집으로 찾아간 건 유월이었지. 그날 나는 엄마 품에 안겨 엉엉 울고 싶었어. 어린아이처럼 말이야. 거대한 슬픔을 어떻게 감당하는 것인지 나는 몰랐으니까. 엄마는 나보다 어른이니 알고 있을 것 같았어. 적어도 엄마는 맘껏 울어라 토닥여주지 않을까 싶었어. 유년에 작은 상처로 큰 울음을 터트리던 나를 감싸 안아주었던 것처럼.

 막상 얼굴을 보니 아무 말도 할 수 없는 거 있지. 엄마에게 말해버리면 내 고뇌와 슬픔이 엄마 몫이 될 것 같아서 그럴 수 없었어.

 밥솥에서 밥을 뜨며 조금 더 담을까, 묻던 엄마. 냉장고에 든 반찬을 식탁에 올리며 더 내어줄 게 없나 살피던 엄마. 묵묵히 밥과 반찬을 먹었고 배를 채웠어. 많이 울어서 그런가, 허기가 지

더라. 방안은 조금 답답해서 새벽까지 동네 놀이터에 앉아 시간을 때웠어. 더 울어야 했을까. 마구 뛰어다녔으면 나아졌을까.

이런 처지를 내비칠 수 없어서 며칠 만에 서울로 돌아왔다. 7월이 시작했고, 집까지 걷는 사이 땀이 맺혔다. 서울 집에선 맘껏 울 수 있었지만, 무서워서 잠들지 못했다. 밤이 너무 무서운데 아침은 더 끔찍했다. 불면과 음주를 반복하기 시작했고, 악몽을 많이 꿨다. 나만 빼고 모두가 알고 있는 눈치였다. 그들의 눈에 나는 얼마나 속도 밸도 없어 보였을까. 더럽다고 손가락질하는, 혐오의 시선으로 비아냥거리는 얼굴들이 매일 밤 꿈에 나왔다.

상실감을 다루기에 서툰 나는 홀로 잠들지 못했다. 누구든 하룻밤을 함께할 수 있는 사람이 필요했다. 누구여도 상관은 없었다. 하지만 타인의 품에서 깊어지는 공허를 이겨내진 못했다. 다시 나선 새벽길, 불 꺼진 쇼윈도에 비친 모습은 추악했다. 더럽고, 가엾고, 온통 쓸쓸했다. 청계천 변에서 흔들리는 이름 모를 풀꽃 옆에 앉았다. 발등으로 눈물이 뚝뚝 떨어졌다. 꼴이 초라했다. 집으로 가는 수밖에 없었다. 떠나고 싶지 않은데, 머물고 싶은 맘도 아니었다. 애꿎은 갈비뼈만 쳐댔다. 내 가슴은 왜 이렇게 앙상해 아프기만 할까. 침대에 누워 베개를 끌어안고 웅크린 채 조금이나마 잠들면 괜찮은 기분이 들었고, 하루를 버틸 수 있었다.

시간이 너무 많다. 출근도 퇴근도 없다.

이 많은 시간을 무력하게 마주한다. 우리의 하루가 닮아있던 때를 생각해본다. 그와 나의 하루가 비슷한 일과로 채워지던 나날을. 지금처럼 다르지 않던 시간이 멀어진다. 한때를 추억하다 울며 잠들기 일쑤였다. 참새도 매일 창가에 앉아 울다 갔다.

그가 좋아하는 음료가 무엇인지, 편의점에 들르면 사는 물건이 무엇인지 나는 알고 있다. 여전히 편의점에 들어서면 그것들이 눈에 든다. 얼른 담배만 사서 나가려, 말보로 라이트 한 갑이요, 말하지만, 편의점 직원은 말보로를 잘 모르는지 헤맨다. 하필 그가 피우던 던힐 앞에서 서성인다. 여느 때 같으면 저기 왼쪽 맨 아래쪽에 말보로 골드요,라고 말했을 텐데 오늘따라 아무 말도 나오지 않는다. 그가 그리워 멍하니 서 있을 뿐이다.

무어라 불러야 할까. 더는 함께 일하지 않는 그를 직책으로 부를 순 없다. 그런다고 이름을 부를 수도 없고, 마땅한 방편은 떠오르지 않는다. 익숙한 입 모양이 낯설어지기를 기다린다.

　핸드폰을 바꾸기로 했다. 과거의 흔적이 남지 않도록 모든 기록을 버리기로 했다. 당장 필요한 연락처만 수첩에 옮겨적었다. 스무 개 남짓이다. 새 번호의 핸드폰을 샀다. 그의 번호는 차차 잊힐 것이고, 액정에 그의 이름이 찍히는 일은 일어나지 않을 것이다. 기억 속에 남는 사진은 얼마 없게 될 것이다.

빨리 미래에 닿고 싶었다. 시간이 흐르면 괜찮아진다는 말을 굳게 믿었다.

후로도 오랫동안 청담동에 가지 않았다. 골목마다 레스토랑 D, P, Y가 있어 함께한 추억이 떠오를 테고 견딜 재간이 없었다. 그를 마주치면 어떤 반응을 해야 할지 알 수 없었다. 그를 만나면 도망갈 게 뻔했다. 나는 늘 비겁한 쪽을 택하고 있었다.

그와 함께 세 군데의 레스토랑에서 일한 2년간의 시간이 있은 뒤, 2년이 더 흘렀다. 끝나지 않을 것만 같던 슬픔과 고통, 자책의 시간도 지났다. 2년이란 세월을 지우는 데엔 2년이 필요했다. 그 뒤로는 조금씩 괜찮아졌다. 한낮에 아무렇지 않게 걸어 다녔고, 어둠을 두려워하지 않게 되었다.

현경의 『여름밤, 비 냄새』는 나처럼 2년간 짝사랑한 마음을 담은 책이다. 오랜만에 꺼내 읽다 어느 구절 앞에 멈춰 섰다. 좋아하는 사람에게 자신의 마음을 표현했다는 사실에 현경이 부러웠다. 반면 나는 그 사람 곁에 머물며 마음을 키웠지만, 한 번도 말해본 적이 없었다. 차마 말할 수 없었다. 말해선 안 된다고 생각했다.

　단 네 글자에 담은 마음. 우수에 비친 구름처럼 맑고 순수한, 담백하고 깊은 진심. 책에 적힌 글자를 소리 내 읽었다.
　좋아해요, 좋아해요, 좋아해요.

천천히 멀어져 줘요 내게서
나와 맺은 추억들 모두
급히 돌아설 것들이었나
한밤의 꿈처럼 잊혀져 가네

신지훈 〈시가 될 이야기〉

힘든 시기에 별을 보러 간 적이 있다. 시외버스를 타고 한참을 달려 도착한 낯선 도시는 담양이었다. 조그마한 대합실엔 아무도 없었다. 가까운 카페에 앉아 친구들을 기다렸다. 밤새 재미난 이야기를 나눌 것 같았지만 우리들은 저마다 잊힌 시절을 그리워했다. 자연히 그와의 시절에 닿고 말았다. 그래서 조금 울었는데, 친구가 아무 말 없이 자리를 비워주었다. 산짐승 울음소리가 멀리서 메아리치는 새벽. 비어있는 옆자리에 그가 왔다 간 것 같았다. 울고 난 얼굴 위로 밤하늘의 별이 반짝였다. 그는 내게 별과 같은 존재다. 저 멀리서 반짝인다. 다시는 마주하지 못할 것 같지만, 그랬으면 좋겠지만 나는 또 하늘을 올려다본다.

올여름에도 별을 보러 왔습니다. 작년도, 올해도 친구들이 함께해줍니다. 친구가 마른자리에 돗자리를 펼쳐줍니다. 별을 자세히 보고 싶으면 말해. 푹신한 바닥에 누워 가만히 별들을 봅니다. 별이 저를 보고 있는 것도 같습니다. 이번에는 울지 않았습니다. 당신은 잘 지내고 있나요. 저는 아직 괜찮다 말할 순 없지만, 많이 좋아졌습니다.

오랜만이에요. 추위를 많이 타는 제게 준 담요를 기억하나요. 보라색 담요 말이에요. 아직 그것을 잘 간직하고 있어요. 레스토랑을 옮겨 다닐 때마다 챙겨 다녔고, 2년에 한 번씩 이사할 때도 잊지 않았죠. 지금도 그 담요는 우리 집 침대 위에 놓여있어요. 당신을 잊지 못해서 그런 건 아닙니다. 그게 너무 익숙해서, 보드랍고 편해서, 따뜻하고 가벼워서, 그러니까 단지 그 담요가 제게 맞춤하여 그럴 뿐입니다.

당신의 호의 역시 그런 것이었는지 모릅니다. 우리가 나눈 우정 이상도 이하도 아니던 사소하고도 다정했던 말과 행동들. 혼자 오해했습니다. 눈빛에 상처받았다가 손길에 위로받기를 반복했지요. 행여나 내 소식을 듣거든 이랬던 나를 용서하세요. 내 사랑이 사랑이 아니었다 말하지 말아 주세요.

둘 사이에 있었던 것이 얼마나 드물고 특별한 것인지. 지금은 아무 감정도 느끼고 싶지 않을 수도 있어. 평생 느끼지 않고 싶을지도 몰라. 네가 분명히 느꼈던 것을 느껴. 아름다운 우정을 나눴잖니. 우린 빨리 치유되려고 자신을 너무 많이 망쳐. 그러다가 30살쯤 되면 파산하는 거지. 그러면 새로운 사람을 만날 때마다 줄 것이 점점 줄어든단다. 하지만 아무것도 느끼지 않으려고 아무것도 느끼지 않게 만들다니 그런 낭비가 어디 있니? 우리 몸과 마음은 단 한 번만 주어진 것이고 너도 모르는 사이 마음이 닳고 닳게 된다는 걸. 지금은 슬픔과 아픔이 있어. 그걸 없애지 마라. 네가 느꼈던 기쁨도 말이야.

⟨Call Me By Your Name⟩ 중
엘리오의 아버지 펄먼의 대사 일부

나는 그에게 삶의 전반을 배웠다. 한 분야에서 일하는 사람은 얼마나 성실하고 정직해야 하는지, 묵묵하게 견디는 시간의 중요성, 오늘과 내일을 살아가는 단순함과 그 속에서 복잡하게 얽혀있는 내면 모두 그를 통해 보고 듣고 익혔다.

운전하는 그의 옆에 앉아 바라보던 풍경도 잊지 못한다. 퇴근 후 약속 장소까지 나를 데려다주던 다정함과 어깨에 붙어있는 머리카락을 떼어줄 때의 무심함. 양말과 넥타이를 고르는 아침과 샤워를 마친 뒤 파자마를 입고 침대에 누워 돌아보는 하루의 끝. 종종 얼굴에 팩을 붙인 채 찍은 사진을 보내주던 그는 어떤 마음이었을까. 나를 떠올린 것일까. 여전히 그에 대해서는 모르는 게 많다.

물음표를 찍고, 하나씩 알아가는 것이 남은 날을 살아내는 방식이 되었다. 어른이 되는 첫 길목에서 마주한 그가 있었기에 가능한 일이다. 미소를 잃지 않는 얼굴로, 방황하는 내 손목을 잡아준 멋진 어른. 한 인간의 가치를 일깨워주었고, 일하는 방법과 사랑이 무엇인지 알게 해준 사람.

삼십 대가 되어 배운 단어는 '시대'이다.

내겐 그와 함께한 시간이 있다. 그 시간들은 쌓여 시절이 되었고, 그는 내게 한 시대로 남았다. 시간이 모여 시절이, 다시 시대가 되기까지 보내온 수많은 낮과 밤. 젊음을 낭비했다고 생각했는데, 나는 한때 타올랐고 반짝였다. 우리의 시절이, 그라는 시대가 있었다. 2018년, 영화 〈버닝〉을 보고 나왔을 땐 노을이 지고 있었다. 붉게 물든 하늘을 보며 느꼈던 감상을 이제 와 말하려 한다. 한 시대가 저물었다.

〈Stand By Me〉를 듣는다. *내 곁에 있어 줘.* 곁이라는 단어는 익숙한데 생각해보자니 낯설게 느껴져 사전적 정의를 확인해본다. *곁. 어떤 대상의 옆. 또는 공간적, 심리적으로 가까운 데.* 골똘해진다. 고갤 돌려 곁을 보고, 멈춰 생각한다. 지금은 곁에 없지만, 소중히 남아있는 것을.

온 세상이 어둠으로 가득하여 우리가 볼 수 있는 빛이라곤 저 하늘의 달빛이 전부라 해도 네가 곁에 있어 준다면 두렵지 않을 거야. 이런 말을 사랑하는 이에게 해주고 싶다. 삶은 사랑으로 인해 시작되고 그것을 원료 삼아 돌아간다는 이치. 당연한 사실이다. 하지만 우리는 익숙해지고, 망각한다. 생활은 무뎌지고 바래어 뭉툭하게 바뀌기 마련이다. 그가 곁에 있기만을 바라던 시간은 모두 지났다. 후유증처럼 앓던 날들 역시 오랜 기억이 되어 상흔으로나마 감각한다.

'곁'에 이어 '뭍'이라는 단어를 사전에 검색해본다. 뭍. 지구의 표면에서 바다를 뺀 나머지 부분. '곁'과 '뭍'은 티읕 받침이 같은 단어다.

2017년에 발매된 에드 시런의 3집 앨범 〈÷(Deluxe)〉 3번 트랙은 책과 같은 제목의 〈Dive〉이다. 한때 나는 매일 밤 에드 시런의 3집 LP를 재생했고, 휴무를 제외하면 하루도 빠짐없이 그의 목소리가 레스토랑 P의 바를 울렸다.

손님들로 북적이는 시간, 나는 곧장 업무에 투입된다. 웰컴 드링크를 제공하고, 주문을 받고, 바 안쪽에서 만든 칵테일을 나르는 일. 고심하는 고객에게 적절한 와인이나 위스키를 추천한 뒤 선반에서 내리는 일. 중간중간 화장실을 점검하고 종이 냅킨을 채우고 빈 테이블을 정리하는 일. 신입에게 어울리는 업무로 바빴지만 온 신경을 곤두세운 채 흘러나오는 음악이 몇 번째 트랙인지, 몇 분 정도 흐른 뒤 다음 LP를 세팅할지 고민했다. 눈과 귀를 활짝 열고서 일한다. 실수로 술을 흘리거나 포크를 떨어뜨린 손님을 빠르게 발견하고 조치를 취하는 건 익숙해진 일이다. 처음 그와 일하던 때처럼 서툴지 않았다.

11시 20분, 나는 에드 시런의 LP를 틀었다. 분주히 흘러가던 풍경이 차분해지는 게 느껴진다. 소파에 기대어 노래를 듣는 이도 보인다. 공기의 흐름이 변화한 틈을 타 부족한 일들을 해결해야 한다. 일손은 늘 부족하기 마련이니까. 사랑하는 노래를 듣고 싶은 마음은 잠시 접어두고 트랙이 바뀌는 정도만 간간이 인지할 뿐이다.

폭풍 같은 시간이 지나고 고요해지는 바, 어느새 새벽이다. 마감을 앞두고 나는 다시 한번 에드 시런의 앨범을 재생한다. 이번에는 나를 위한 선곡이다. 두 곡이 흐르고 3번 트랙으로 향하는 사이 그를 살핀다. 그는 내게 다가오지만 습관처럼 어깨를 두어 번 토닥이고 제 갈 길을 가버린다. 그는 알고 있을까. 내 마음을 고스란히 담은 노래가 곧 나오리란 걸. 뒷정리 중인 내게 다시 다가온 그가 말문을 연다. 이따 같이 담배를 피우자거나, 마치고 소주 한잔 어떠냐 묻는다. 대답할 새도 없이 작은 소리로 귓가에 속삭이듯 덧붙인다. 둘이서만 가자고. 마침 3번 트랙이 시작한다. 새어 나올 것만 같다. 가슴 가득 담아둔 마음을 모두 쏟아내고 싶다.

노래는 계속 흐른다. *이게 진심이 아니라면 날 그렇게 부르지 마요.* 내 말을 믿어줄까, 파란 눈을 보니 더욱 혼란스럽다. *확신 없이 내가 필요하다고 하지 마요.* 하지만 나는 용기가 없어 노래로 대신한다. *당신에게 푹 빠지기 전에, 그 전에 내게 진실을 말해줘요.* 알겠다는 뜻으로 고개만 끄덕이고, 하던 일로 돌아온다. 그는 자리를 떠나고 노래는 끝을 향한다.

'뭍'의 정의를 다시 읽어본다. 지구에서 그,라는 바다를 뺀 나머지 부분을 뭍이라 한다면 한 줌 땅을 밟은 나는 어디에 서서, 어딜 볼 수 있을까. 그에게 푹 빠져버리는 수밖에 없었다.

나가며

레스토랑 S를 시작으로, D와 P, W를 거쳐 레스토랑 Y까지 청담동의 다섯 레스토랑에서 일했다. 주방과 홀을 오가는 불안한 시기는 지났고, 지금은 글 쓰는 일을 업으로 삼고 산다. 짙은 마음은 차마 소설로 쓸 수 없는 것인지도 모르겠다. 응어리진 마음들을 풀어내고자 지난 경험을 『청담동 레스토랑』이란 연작 소설로 쓰고 있었으나, 번번이 실패했다. 넘어지고 일어서기를 반복했다. 놀랍게도 이런 좌절이 모여 지금 에세이로 쓰였다. 글쓰기란 이토록 알 수 없는 일이다. 글쓰기뿐만일까. 삶이 그러하다.

어떤 경험과 생각이 소설이 될 수 있는지, 이야기로 꾸려나갈 수 있는지 알 순 없다. 다만, 시간이 흘러 이제 그와의 일화를 써낼 수 있다는 사실이 놀랍다. 거울을 보니 오늘 내 얼굴은 유난히 초췌해 보인다.

돌이켜보면 분명 유의미한 시간이었다. 잠 못 드는 밤이면 귀중한 장면들을 회상한다. 영원히 돌아오지 못할, 오직 그때만 가능했던 것들이 많다. 내 젊음이 그곳에 있다. 특히 그는 내게 큰 존재로 남았다.

혹자는 아무것도 아니라 치부할지 모른다. 맞는 말이다. 우리 사이엔 아무런 일도 벌어지지 않았다. 하지만 이 이야기는 명백한 사건이다. 언젠가 강변북로를 달릴 때 그는 차분한 목소리로 말했다. 쫑길, 여긴 내 출근길이야. 강변의 풍경을 눈에 담았다. 우리는 한산한 도로를 나아가고 있었지만, 아침마다 전화를 걸 때의 교통체증을 상상해보았다. 그 사이 그가 즐겨 듣는 라디오 주파수와 그의 고민, 내면의 이야기들을 하나씩 전해 들었다. 차창으로 햇빛이 들어왔고, 눈이 부셨다. 아주 어른 같던 그가 어린아이처럼 보였다. 동시에, 운전대에 얹어둔 손등의 주름과 소매의 때가 눈에 들었다. 잔잔한 진동이 느껴졌다.

그해 여름 나는 늘 취해있는 사람이었지만, 취한 대상이 그라는 사실을 부정하지 않고 받아들이기까지 긴 시간이 걸렸다. 그를 처음 본 날과 마지막 날 사이를 가늠해본 시간이었다. 열 손가락으로 셈하기엔 오랜 날이다. 아주 잊었다 할 순 없지만, 곁에 있어 준 그에게 전할 마음은 여기까지다. 성동혁 시인은 『뉘앙스』에 이런 문장을 적었다. *다른 것들을 기억하기엔 이젠 좀 지친 것 같아.* 그의 문장을 가슴으로 읽는다.

한때 내 삶의 전부이던, 영원할 줄 알았던 젊음과 청춘. 그 시절과 사랑. 늦어 바래기 전에, 기억조차 하지 못하기 전에 조각들을 모아 담았다. 미래는 어쩐지 두렵고, 찬란하던 과거의 당신과 나를 아주 잊을까 봐 지금에 남긴다.

책을 펴내며, 내일은 조금 더 솔직해질 수 있기를 바란다. 오늘의 나보다 1mm 정도 자라있기를 꿈꾼다.

추천사

우리들의 여름은 기록되어,

김현경

"나는 그 사람의 낮과 밤을 모른다."

 이 책의 초고를 읽다 이 문장을 작게 소리내어 읊었다. 언젠가 분명 느꼈던 시린 감정이 떠올랐다. 상대의 현재와 과거, 미래까지 샅샅이 궁금해지지만 무엇도 알 길 없는 조바심을 견딜 수 없던 몇 번의 여름이 있었다. 그래서 그 짧은 문장이 아프게도 느껴졌다. 말할 수 없는, 혹은 이루어질 수 없는 사랑에 빠진 이들은 비슷한 마음을 가지게 되는 것만 같다.

봄에서 여름으로 지나는 계절, 종길과 한 야외 먹태집에 앉아 생맥주를 마셨다. 바삭히 구운 먹태를 우물거리며 우리는 책에 대한 이야기를 나누기도, 각자 생각에 빠져 정적이 흐르기도 했다. 여름 냄새가 조금 섞여 부는 바람, 약간의 따뜻함을 머금은 습한 바람이 불자, 언젠가의 여름을 떠올릴 수밖에 없었다. 맞은편 가게의 작은 조명은 아직 밝기만 하지만, 곧 날벌레들이 달려들 것이라 생각했다. 그 언젠가의 나는 내 자신이 그 불빛에 다가가려 부딪히기만 하는 날벌레 같다고 생각한 적 있었다.

"저런 조명 말야. 다가갈 수 없는 불빛에 끊임없이 몸을 부딪히기만 하는 날벌레가 된 기분이 든 적 있었거든…"

종길에게 말하자 그는 그저 끄덕거렸다. 그는 이 책의 표지 디자인을 구상할 때, 상대방은 커다란 고래 같이 느껴졌고, 자신은 그 고래가 사는 바다에 뛰어들, 그러니까 'Dive' 할 용기도 없는 사람인 것 같다 말했다. 동경하는, 애정을 전할 수 없는 대상 앞에서 자신이 한없이 작은 존재로 느껴졌던 점은, 그와 내가 함께 느꼈던 것이었다.

종길의 『DIVE』를 읽으며 다른 시간, 다른 공간에서 다른 대상을 두고 참 많이도 비슷한 감정을 느꼈다는 생각을 했다. 원고를 읽어내는 데에는 꽤 짧은 시간이 걸렸지만, 그 사이에 많은 것들을 떠올렸다. 언젠가의 어쩔 줄 몰라하던 나의 표정을 상상해보기도 하고, 뒤돌아서던 상대의 표정을 떠올려 보기도 하고, 기억 속 온도와 습도, 오가던 길목들을 떠올리기도 했다. '왜 이런 기억들은 잘 지워지지 않는 걸까', 생각했다. 동시에, 앞으로 다시는 겪을 수 없을지도 모르는 감정이었을런지도 모르겠다는 생각을 하기도 했다.

종길의 감정을 따라 가며 나와 같은 생각을 한 독자들이 있을 것이다. 쉬이 'Dive' 할 수 없었던 이러한 감정들은 지난날들은 잊고 싶어도 잊혀지지 않는다. 이 책을 읽은 이들이 언젠가 자신만의 여름을, 그러니까 식을 줄 모르는 감정에 어쩔 줄 몰라하던 날들을 떠올리면 좋겠다.

김현경

보이지 않는 것을 보이게 하는 작업을 합니다. 『여름밤, 비 냄새』 등 저.

DIVE

ⓒ **오종길 2022**

초판 1쇄 발행 **2022년 5월 27일**
초판 2쇄 발행 **2023년 9월 1일**

글 **오종길**
이메일 **choroggil@gmail.com**
SNS **@choroggil.ohjonggil_meog**

디자인 **김현경**

펴낸곳 **시절**
출판 등록 **2023년 7월 20일 제 2023-000072호**
이메일 **sijeol.book@gmail.com**
SNS **@si.jeol.book**

ISBN **979-11-984383-0-0 (02810)**

*이 책의 판권은 지은이에게 있습니다. 책 내용의 전부 또는 일부를 재사용하려면 반드시 지은이의 서면 동의를 받아야 합니다.